skoro - escola	2
koiri - viatge	5
transport - transport	8
foto - ciutat	10
landschap - paisatge	14
restaurant - restaurant	17
wenkri - supermercat	20
dringi - begudes	22
nyan - menjar	23
burugron - granja	27
oso - casa	31
foroisi - sala d'estar	33
botrali - cuina	35
was oso - bany	38
pikin kamra - cambra de nen	42
krosi - roba	44
kantoro - oficina	49
ekonomia - economia	51
kari - oficis	53
wrokosani - eines	56
poku sani - instrument de música	57
meti dyari - zoo	59
sport - esports	62
aktifiteit - activitats	63
famiri - família	67
skin - cos	68
ati oso - hospital	72
nowtu - urgència	76
grontapu - terra	77
oloisi - rellotge	79
wiki - setmana	80
yari - any	81
form - formes	83
kloru - colors	84
difrenti - oposats	85
nomru - nombres	88
den tongo - llengües	90
suma / sang / fa - qui / què / com	91
pe - on	92

Impressum
Verlag: BABADADA GmbH, Nedderfeld 112 , 22529 Hamburg
Geschäftsführer / Verlagsleitung: Harald Hof
Druck: Books on Demand GmbH, In de Tarpen 42, 22848 Norderstedt

Imprint
Publisher: BABADADA GmbH, Nedderfeld 112 , 22529 Hamburg, Germany
Managing Director / Publishing direction: Harald Hof
Print: Books on Demand GmbH, In de Tarpen 42, 22848 Norderstedt

skoro
escola

- klas / classe
- prati / dividir
- bord / tauler
- skoro dyari / pati (de l'escola)
- leriman / professor
- papira / paper
- skrifi / escriure
- pen / estilogràfica
- tafra / escriptori
- lati / regle
- buku / llibre
- studenti / estudiant

skorotas
bossa

kisi
estoig

skriftiki
llapis

srapu
maquineta de fer punta

sisibi
goma

prenki buku
bloc de dibuix

skoro - escola

prenki
dibuix

kwasi
pinzell

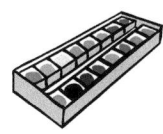

ferfidosu
capsa de pintures

sisei
tisores

gomma
cola

skrifbuku
quadern d'exercicis

skorowroko
deures

nomru
nombre

teri
afegir

koti
sostreure

vermenigvuldig
multiplicar

teri
calcular

brifi
lletra

alfabet
alfabet

wortu
mot

skoro - escola

awortu
text

lesi
llegir

kreiti
guix

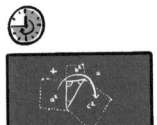
yuru
lliçó

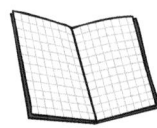
klasbuku
llibre de classe

examen
examen

skoropapira
certificat

sem skoro krosi
uniforme escolar

skoro
formació

encyklopedie
enciclopèdia

unifersiteit
universitat

mikroskoop
microscopi

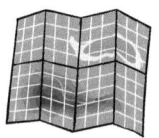
karta
mapa

doti embre
paperera

skoro - escola

koiri
viatge

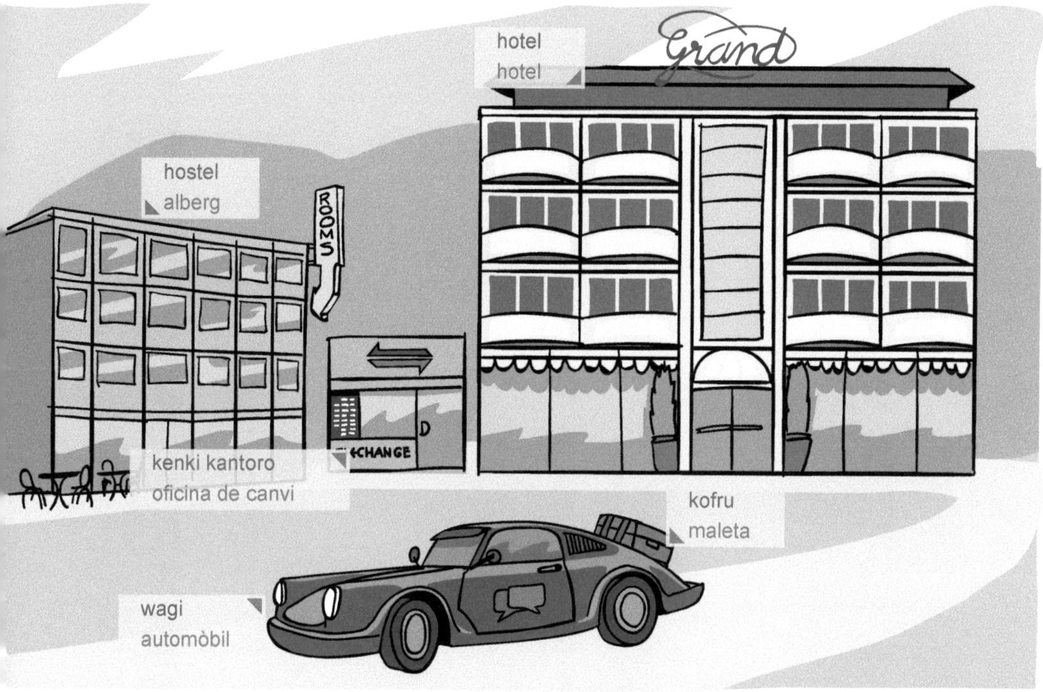

hotel
hotel
Grand
hostel
alberg
ROOMS
EXCHANGE
kenki kantoro
oficina de canvi
kofru
maleta
wagi
automòbil

tongo

llengua

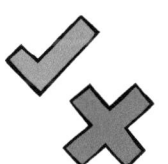

ai / no

sí / no

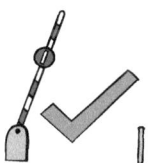

afen

D'acord

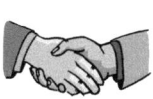

Ei!

Ey!

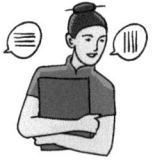

torku

traductora

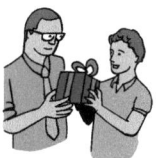

Grantangi

gràcies

O meni...? Quant costa... ?	Mi ne ferstan No entenc	problema problema

Kuneti! Bona nit!	Morgu! bon dia!	Kuneti! bona nit!

Adyosi! fins aviat	beni direcció	bagasi bagatge

tas bossa	tas sarrona	fisiti convidat

kamra cambra	sribi saka sac de dormir	tenti tenda

koiri - viatge

reiskantoro
oficina de turisme

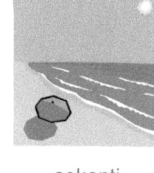
sekanti
platja

kreditkarta
carta de crèdit

mamanten nyanyan
esmorzar

nyanyan
dinar

nyanyan
sopar

karta
bitllet

lift
ascensor

stampu
segell

lanki
frontera

douane
duana

ambassade
ambaixada

fisa
visat

pasportu
passaport

koiri - viatge

transport
transport

pondo
transbordador

boto
barca

motro
moto

skowtu wagi
automòbil de policia

streilon wagi
automòbil de curses

yuru wagi
automòbil de lloguer

wagi prati
vehicle compartit

takelwagi
grua

doti wagi
camió de les escombraries

motro
motor

oli
benzina

oli pompu
benzineria

ferkeermarki
senyal de trànsit

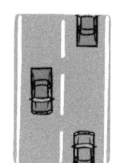
ferkeer
trànsit

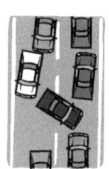
reylo
embús

parkeerpresi
aparcament

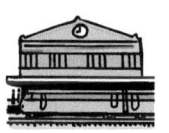
lokopresi
estació de trens

rail
vies

loko
tren

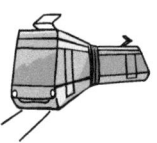
loko
tramvia

wagi
vagó

helikopter
helicòpter

opolangi
aeroport

fortresi
torre

pasasir
passatger

kontainer
contenidor

doso
capsa de cartó

wagi
carretó

baskita
cistella

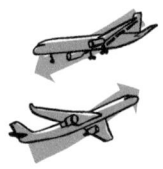
opo go / saka
enlairar-se / aterrar

foto
ciutat

dorpu
poble

fotosei
centre de la ciutat

oso
casa

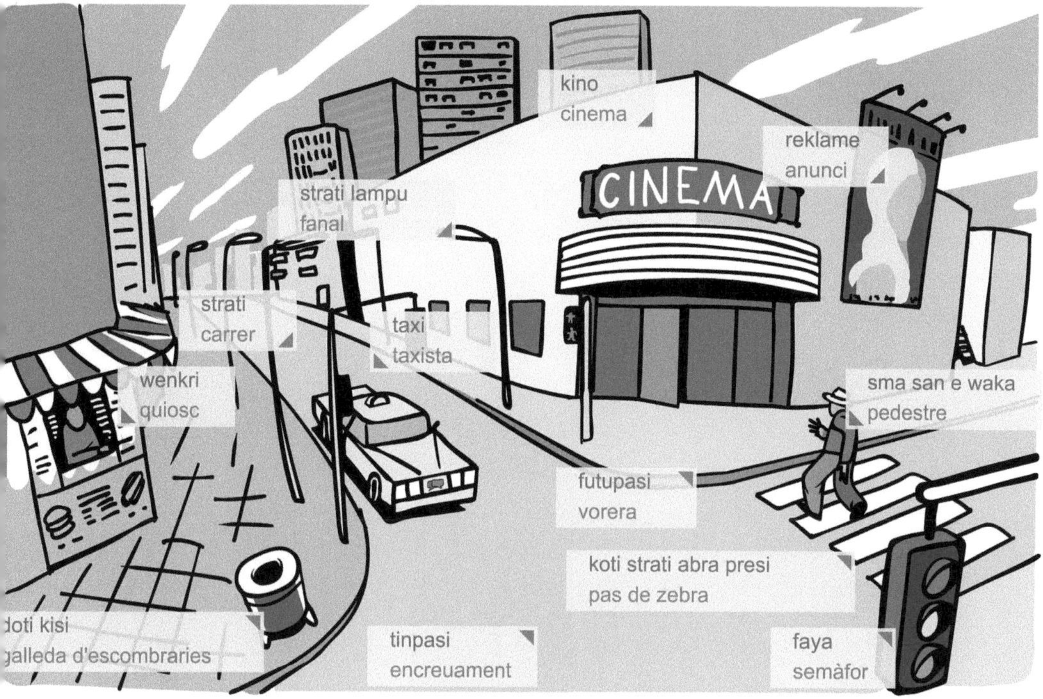

kampu	oso	lokopresi
cabana	apartament	estació de trens

foto oso	museum	skoro
casa de la vila-ciutat	museu	escola

foto - ciutat

unifersiteit

universitat

bangi

banca

ati oso

hospital

hotel

hotel

apteiki

farmàcia

kantoro

oficina

buku winkri

llibreria

wenkri

botiga

bromki winkri

floristeria

wenkri

supermercat

wowoyo

mercat

wowoyo

gran magatzem

fisi seri man

peixateria

bigi wenkri

centre comercial

lanpresi

port

park
parc

bangi
banc

broki
pont

trapu
escala

fatyawagi
metro

ondrogron-strati
túnel

bushalte
parada d'autobús

bar
bar

restaurant
restaurant

brifibus
bústia de correu

strati nen marki
senyal indicador

parkeer marki
parquímetre

meti dyari
zoo

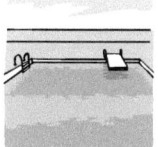
swen presi
piscina

gado-oso
mesquita

foto - ciutat

burugron	doti sani	berpe
granja	pol·lució	cementiri

kerki	prei presi	gado-oso
església	parc infantil	temple

landschap
paisatge

- wiwiri / fulla
- pasi marki / cartell indicador
- pasi / camí
- wei / prat
- ston / pedra
- bon / arbre
- koiri sma / excursionista
- libi / riu
- grasi / gespa
- bromki / flor

landschap - paisatge

lagi presi vall	lebriki muntanya	fisi-olo llac
	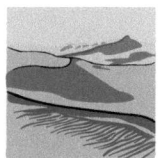	
busi bosc	dreisabana desert	bergi volcà

ridder-oso castell	alenbo arc de Sant Martí	todoprasoro bolet

palmbon palmera	maskita moscard	freifrei mosca

mira formiga	waswasi abella	anansi aranya

landschap - paisatge

asege
escarabat

todo
granota

bonboni
esquirol

agidya
eriçó

kon koni
llebre

owru kuku
òliba

fowru
ocell

gansi
cigne

werder agu
senglar

dia
cervo

dia
ant

dan
presa

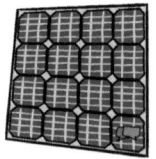

winti miri
turbina

son planga
panell solar

weer
clima

landschap - paisatge

restaurant
restaurant

- diniman / cambrer
- nyankarta / menú
- sturu / cadira
- pissa / pizza
- supu / sopa
- tafra duku / tovalla
- nefi nanga forku / coberts

fesi nyanyan
primer plat

moro prenspari sortu nyan
plat principal

switi sani
darreries

dringi
begudes

nyan
menjar

batra
ampolla

restaurant - restaurant

fastfood
menjar ràpid

strati nyanyan
menjar de carrer

tépatu
tetera

sukru patu
sucrer

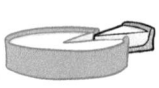

krab'patu
porció

espressomasyin
màquina d'espresso

pikin sturu
trona

borgu
factura

brakri
plata

nefi
ganivet

forku
forqueta

spun
cullera

téspun
cullereta

servet
tovalló

grasi
got

restaurant - restaurant

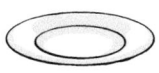

preti
plat

supu preti
plat de sopa

skotriki
plateret

sowsu
salsa

sowtupatu
saler

pepre miri
molinet de pebre

asin
vinagre

oli
oli

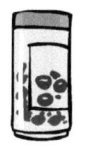 

specerij
espècies

ketchup
quètxup

mosterd
mostassa

mayonaise
maionesa

restaurant - restaurant

wenkri

supermercat

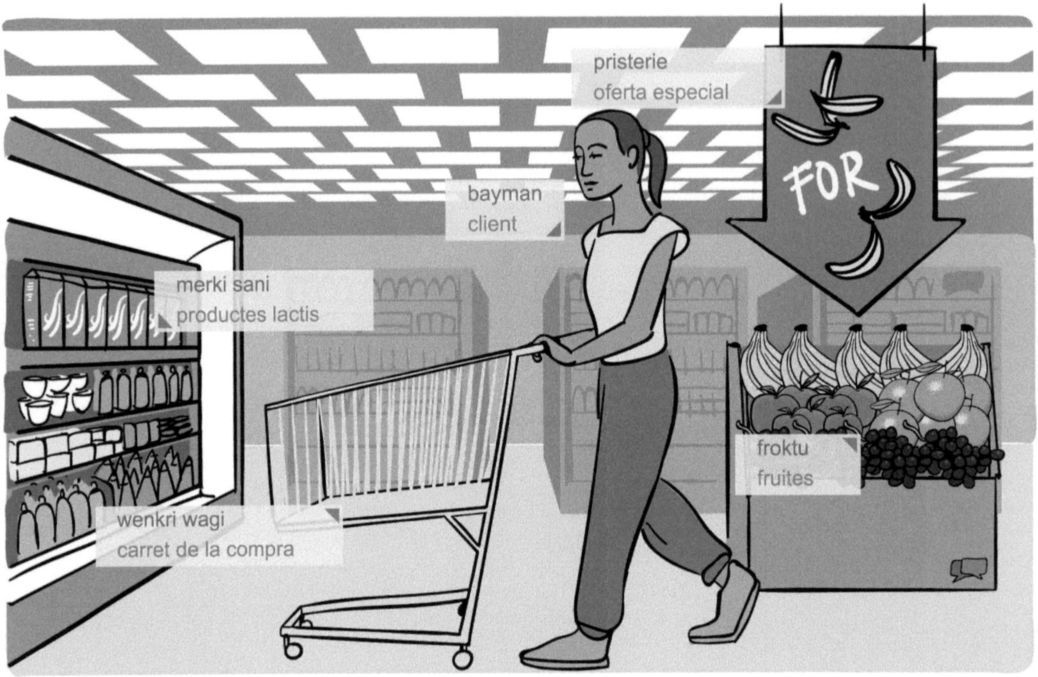

pristerie
oferta especial
FOR
bayman
client
merki sani
productes lactis
froktu
fruites
wenkri wagi
carret de la compra

BUTCHERS

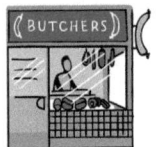

srakti-oso

carnisseria

BAKERY

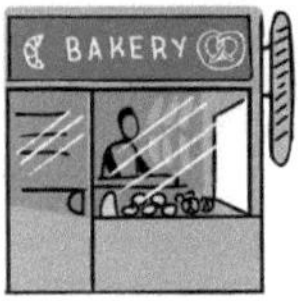

bakri-oso

forn de pa

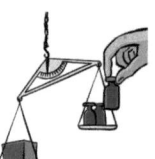

wegi

pesar

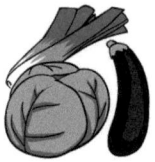

gruntu

verdures

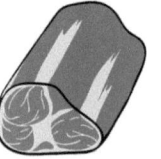

meti

carn

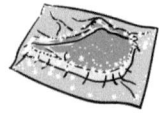

dijskasi sani

menjar congelat

 kowru meti / carn freda	 blik nyan / conserves	 wasi sani / detergent en pols
 switi sani / dolços	 oso sani / articles domèstics	 sani fu krin / productes de neteja
 seri sma / venedora	 kas / caixa registradora	 kasman / caixera
 bai marki / llista de la compra	 opo yuru / horari d'obertura	 portmoni / portamonedes
 kreditkarta / carta de crèdit	 tas / bossa	 plastik saka / bossa de plàstic

wenkri - supermercat

dringi
begudes

watra
aigua

sap
suc

merki
llet

kola
coca-cola

win
vi

biri
cervesa

sopi
alcohol

skrati
cacau

té
te

kofi
cafè

espresso
espresso

kappuccino
cappuccino

nyan
menjar

bakba
banana

apra
poma

apresina
taronja

watramun
síndria

sitrun
llimona

rutu
pastanaga

konofroku
all

bambu
bambú

alun
ceba

todoprasoro
bolet

noto
avellanes

pasta
fideus

spaghetti
espaguetis

alesi
arròs

salade
amanida

patata
patates fregides

baka patata
patates fregides

pissa
pizza

burger
hamburguesa

brede
entrepà

schnitsel
escalopa

ameti
cuixot

salami
salami

worst
salsitxa

kafowru
pollastre

bakadina
rostit

fisi
peix

nyan - menjar

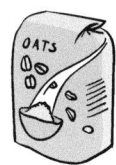
hafermout
flocs de civada

muesli
musli

karuflakes
cereals

blon lolo
farina

croissant
croissant

brede
panet

brede
pa

baka brede
torrada

buskutu
bescuits

botro
mantega

kwark
mató

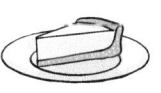
kuku
pastís

eksi
ou

baka eksi
ou fregit

kasi
formatge

nyan - menjar

ice-cream
gelat

sukru
sucre

oni
mel

jam
melmelada

sukruskrati pasta
crema de xocolata

kerrie
curri

nyan - menjar

burugron
granja

wroko gron presi
granja

maksin
graner

grasi bergi
bala de palla

gron camp

asi
cavall

aanhangwagi
remolc

pikin asi
poltre

traktor
tractor

buriki
ase

pikin skapu
xai

skapu
ovella

krabita
cabra

kaw
vaca

pikin kaw
vedella

agu
porc

pikin agu
garrí

burkaw
bou

burugron - granja

gansi
oca

doksi
ànec

pikin fowru
poll

fowru
gall

kakafowru
gallina

alata
rata

puspusi
gat

moismoisi
ratolí

burkaw
bou

dagu
gos

dagu pen
gossera

tuinslang
mànega de regar

watra kan
regadora

nefi
dalla

pluga
arada

babun-nefi
falç

tyapu
aixada

forku
forca

beyri
destral

kroiwagi
carretó

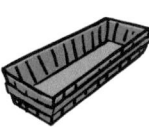

baki
abeurador

merki kan
lletera

saka
sac

skotu
tanca

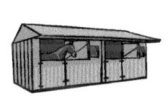

pen
establa

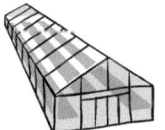

grun kasi
hivernacle

gron
sòl

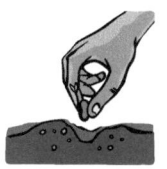

siri
llavor

doti
adob

maaidorser
collidora

burugron - granja

koti
collir

nyanyan
collita

yami
nyam

aleisi
blat

soja
soja

patata
patata

karu
blat de moro o d'indi

koro siri
colza

froktu bon
arbre fruiter

kasaba
mandioca

siri
cereals

burugron - granja

oso
casa

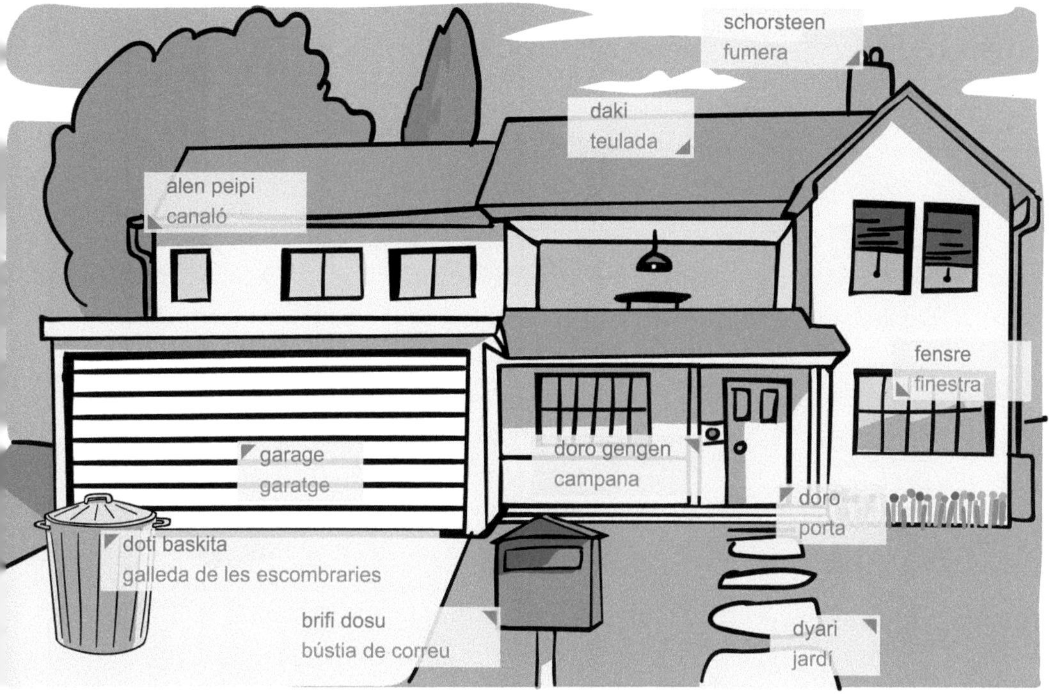

schorsteen
fumera

daki
teulada

alen peipi
canaló

fensre
finestra

garage
garatge

doro gengen
campana

doro
porta

doti baskita
galleda de les escombraries

brifi dosu
bústia de correu

dyari
jardí

foroisi
sala d'estar

was oso
bany

botrali
cuina

sribikamra
cambra de dormir

pikin kamra
cambra de nen

nyanyan kamra
menjador

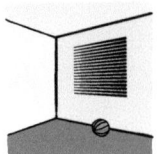

gron
sòl

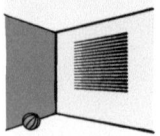

skotu
paret

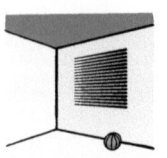

plafon
sostre

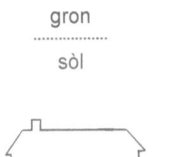

kedre
soterrani

sauna
sauna

barkon
balcó

terras
terrassa

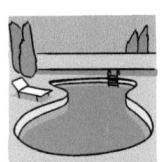

swen presi
piscina

waimasyin
tallagespa

sribikrosi
vànova

sribikrosi
cobrellit

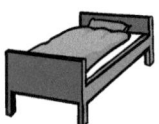

bedi
llit

sisibi
escombra

embre
galleda

san fu leti faya
interruptor

oso - casa

foroisi
sala d'estar

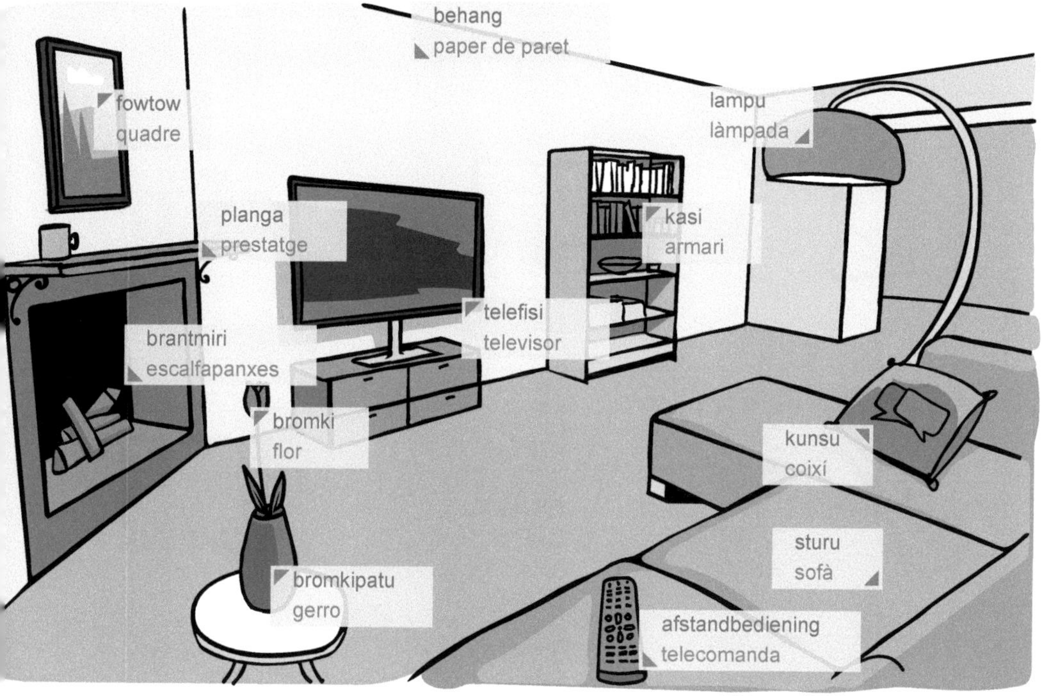

behang / paper de paret
fowtow / quadre
lampu / làmpada
planga / prestatge
kasi / armari
brantmiri / escalfapanxes
telefisi / televisor
bromki / flor
kunsu / coixí
sturu / sofà
bromkipatu / gerro
afstandbediening / telecomanda

matamata
catifa

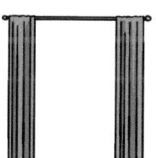

garden
cortina

tafra
taula

sturu
cadira

boboisturu
cadira gronxadora

sturu
cadiral

buku
llibre

tapun
llençol

pranpran
decoració

udu
llenya

kino
film

stereo- installatie
cadena de música

sroto
clau

koranti
diari

skedrei
pintura

poster
cartell

konkrudosu
ràdio

skrifi buku
bloc de notes

stofsuiger
aspiradora

kaktus
cactus

kandra
candela

botrali
cuina

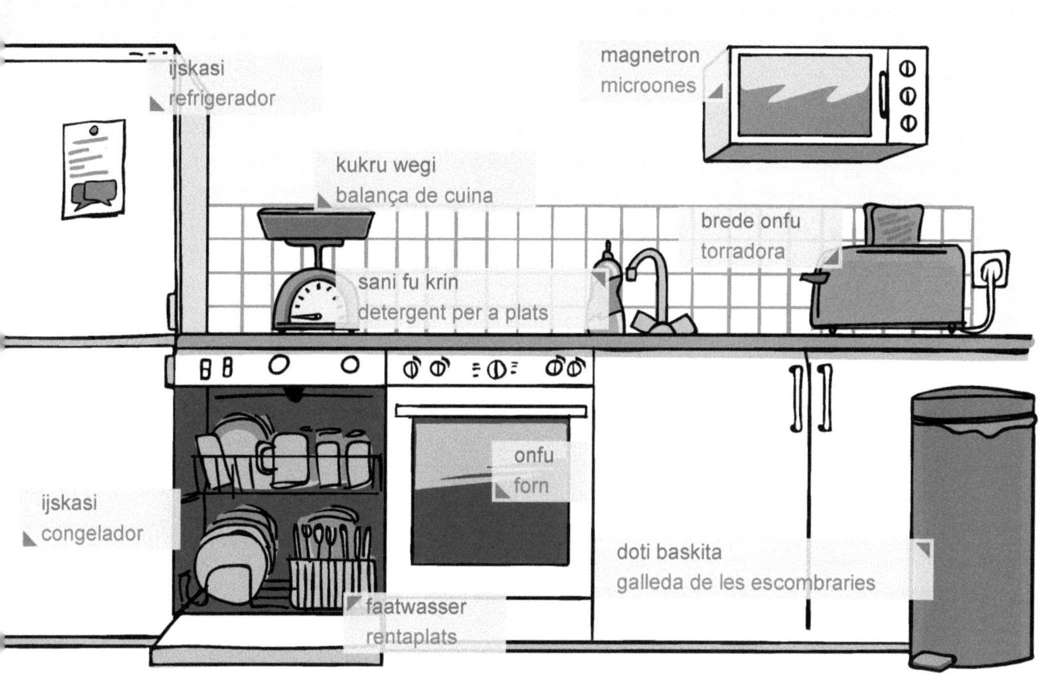

ijskasi / refrigerador
magnetron / microones
kukru wegi / balança de cuina
brede onfu / torradora
sani fu krin / detergent per a plats
onfu / forn
ijskasi / congelador
doti baskita / galleda de les escombraries
faatwasser / rentaplats

onfu
cuina de fogons

patu
olla

isri patu
olla de ferro colat

wok / kadai
wok / karahi

pan
paella

ketre
bullidor

dampupatu

olla de vapor

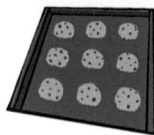

baka preti

plata de forn

tafra-sani

vaixella

kan

tassa grossa

koba

bol

nyantiki

bastonets xinesos

supu spun

culler

spatel

espàtula

klutser

batedor

fergiet

colador

dorodoro

sedàs

gritigriti

ratllador

mortier

morter

barbakoto

barbacoa

faya presi

foc a terra

koti planga

taula de tallar

blon lolo

corró

korkutreki

llevataps

tromu

pot de conserva

knefi fu opo blik

obridor

patu duku

agafador

wasibaki

aigüera

bosro

raspall

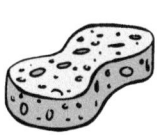

sponsu

esponja

blender

batedora

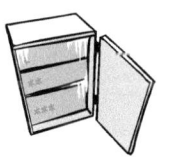

ijskasi

congelador

beibi batra

biberó

kran

aixeta

was oso
bany

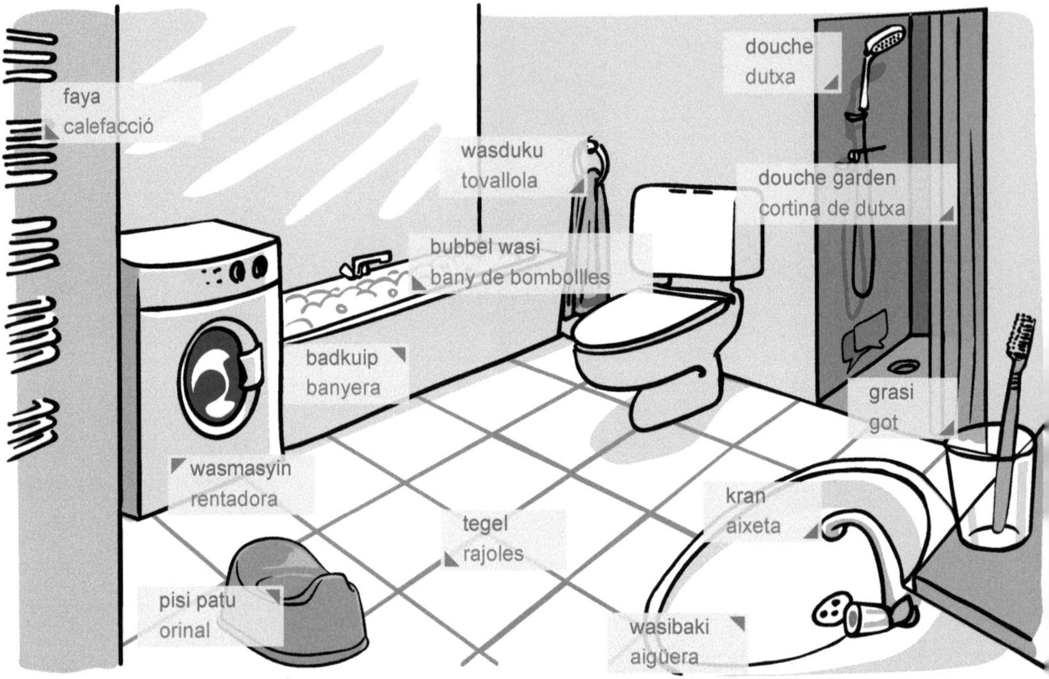

- faya / calefacció
- wasduku / tovallola
- douche / dutxa
- bubbel wasi / bany de bombolles
- douche garden / cortina de dutxa
- badkuip / banyera
- grasi / got
- wasmasyin / rentadora
- tegel / rajoles
- kran / aixeta
- pisi patu / orinal
- wasibaki / aigüera

kumakoisi
lavabo

kumakoisi
lavabo turc

bidet
bidet

pisi presi
orinador

kumakoisi papira
paper higiènic

kumakoisi bosro
escombreta de sanitari

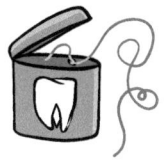

tifi bosro	tandpasta	floss
raspall de dents	pasta de dents	fil dental

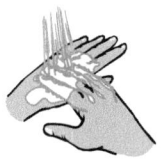

wasi	douche	kumakoisi douche
rentar	pom de dutxa	dutxa íntima

was koba	baka bosro	sopo
rentamans	raspall per a l'esquena	sabó

douchegel	sopo	was krosi
gel de dutxa	xampú	manyopla de bany

afvoer	krème	okselstik
bonera	crema	desodorant

was oso - bany

spikri

mirall

moimoi fu fesi spikri

mirall-espill de mà

sebinefi

maquineta de rasar

sebiskuma

espuma de barbejar

aftershave

loció post-rasada

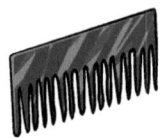

kankan

pinta

bosro

raspall

wiri drei masyin

eixugador

wirispray

laca

moimoi fu fesi

maquillatge

lippenstift

pintallavis

nangra ferfi

esmalt d'ungles

katun

cotó

nangra sey

tallaungles

switi smeri

perfum

tas gi krin sani
estoig de bellesa

kroku
tamboret

wegi
bàscula

was dyaki
barnús

handschoen fu krin
guants de goma

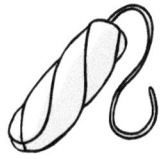

tampon
compresa higiènica

munduku
compresa

kumakoisi
sanitari químic

pikin kamra
cambra de nen

warskow oloisi
despertador

prei sani
animal de peluix

prei oto
auto de joguina

sekiseki
sonall

popki oso
casa de nines

presenti
present

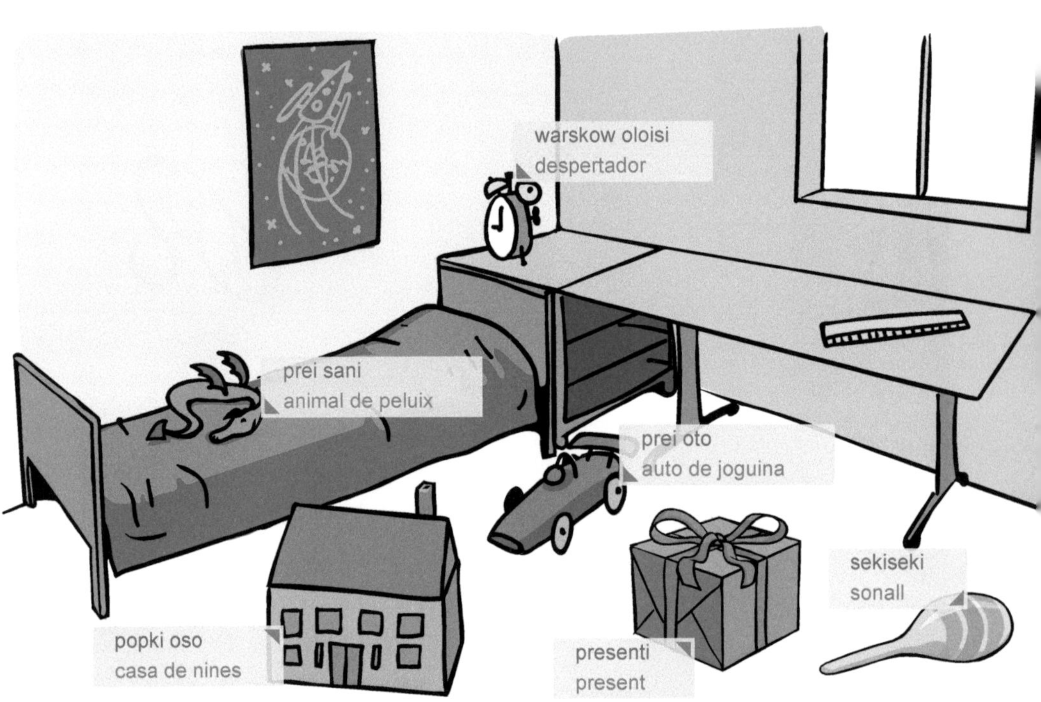

ballon

baló

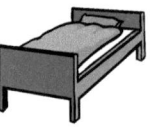

bedi

llit

beibiwagi

cotxet per a nens

paki karta

joc de cartes

laytori

trencaclosca

strip torie

historieta

42   pikin kamra - cambra de nen

lego ston
peces de lego

prei sani
peces de construcció

aktiefiguurtje
ninot d'acció

beibikrosi
granota

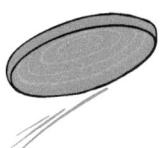

frisbee
frisbee

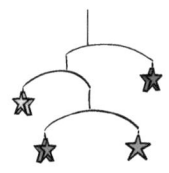

mobile
mòbil per a bressol

prei tapu bord
joc de taula

prei ston
daus

prei sani loko
tren elèctric

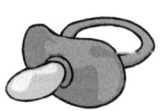

bobimofo
xumet

fesa
festa

prenki buku
llibre de dibuixos

bal
pilota

popki
nina

prei
jugar

santi baki
sorrera

boboisturu
gronxador

preisani
joguines

prei komputer
consola de jocs de vídeo

baysigri
tricicle

prei sani
osset de peluix

krosi kasi
armari

krosi
roba

kowsu
mitjons

kowsu
mitges

kowsu
mitja pantaló

skin
jjustacòs

bruku
pantalons

jeansbruku
jeans

koto
faldeta

blus
brusa

empi
camisa

empi
jersei

dyaki
dessuadora

djakti
blazer

dyakti
jaqueta

alendyakti
mantell

alendyakti
impermeable

paki
vestit de dona

yapon
vestit de dona

trowyapon
vestit de núvia

krosi - roba

paki

vestit d'home

sribikrosi

camisa de dormir

sribikrosi

pijama

sari

sari

angisa

mocador de cap

tulband

turbant

burka

burca

kaftan

caftan

abaya

abaia

swenkrosi

vestit de bany

swenbruku

calçon(et)s de bany

syatu bruku

pantalons curts

training paki

xandall

feskoki

davantal

handschoen

guants

knopo
botó

aygrasi
ulleres

anubuy
braçalet

keti
collaret

linga
anell

yesilinga
orellera

ati
casquet

krosi anga
penjador

ati
capell

tay
corbata

rits
cremallera

feti musu
casc

bretel
elàstics

sem skoro krosi
uniforme escolar

sem krosi
uniforme

slabbetje
pitet

bobimofo
xumet

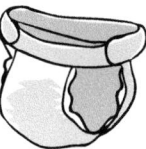
pisiduku
bolquer

kantoro
oficina

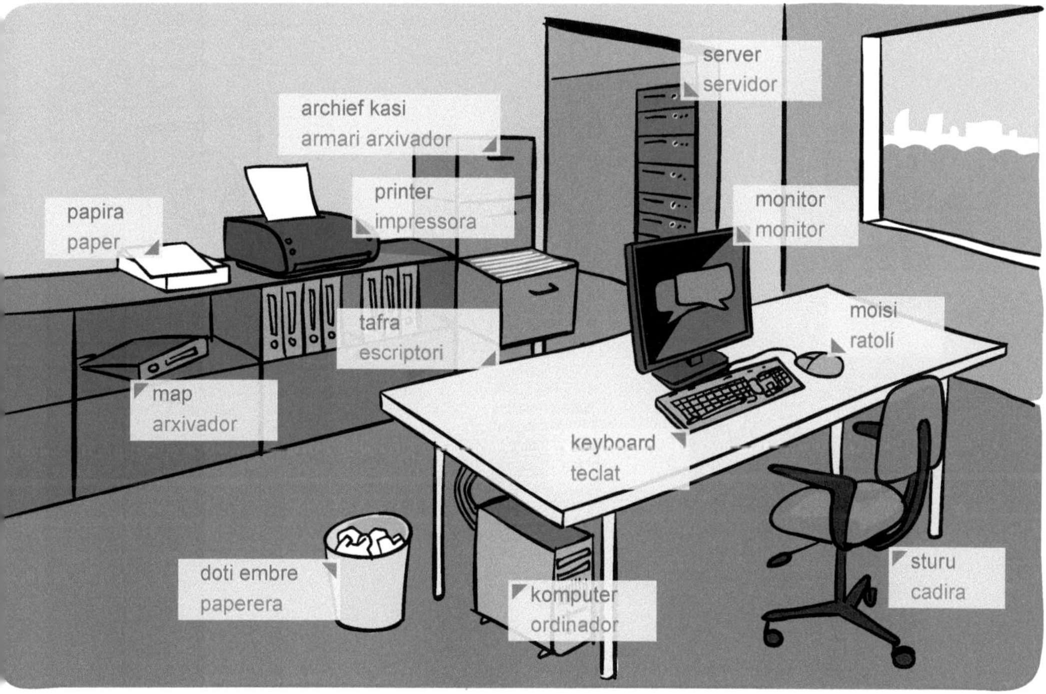

- server / servidor
- archief kasi / armari arxivador
- printer / impressora
- papira / paper
- monitor / monitor
- tafra / escriptori
- moisi / ratolí
- map / arxivador
- keyboard / teclat
- doti embre / paperera
- komputer / ordinador
- sturu / cadira

kofi kan
tassa de cafè

kalkulator
calculadora

internet
Internet

laptop
ordinador portàtil

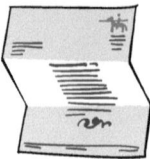
brifi
lletra

boskopu
missatge

konkrutitei
mòbil

neti
xarxa

kopi masyin
fotocopiadora

software
programari

konkrutitei
telèfon

stopkontakt
presa de corrent

fax masyin
fax

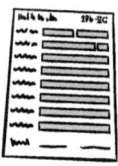
formulier
formulari

papira
document

kantoro - oficina

ekonomia
economia

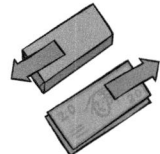
bai
comprar

pai
pagar

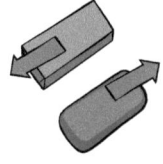
du
comerciar

moni
diners

dollar
dòlar

euro
euro

yen
ien

rubel
ruble

frank
franc suís

renminbi yuan
renminbi

rupie
rupia

monimasyin
caixa automàtica

ekonomia - economia

kenki kantoro
oficina de canvi

gowtu
or

solfru
argent

oli
petroli

krakti
energia

prijs
preu

kontrakti
contracte

lantimoni
impost

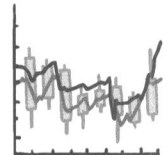
pisi
acció

wroko
treballar

wrokoman
treballador

wrokobasi
empresari

fabrik
fàbrica

wenkri
botiga

ekonomia - economia

kari
oficis

skowtu
oficial de policia

brandweerman
bomber

boriman
cuiner

datra
doctora

piloot
pilot

djariman
jardiner

temreman
fuster

modist
costurera

krutubasi
jutge

scheikunde sma
química

akteur
actor

sjafeur
conductor d'autobús

taximan
taxista

fisiman
pescador

krinsma
dona de la neteja

dakitapu man
ensostrador

diniman
cambrer

ontiman
caçador

ferfiman
pintor

bakriman
forner

elektrikman
electricista

bow-wroko man
obrer de la construcció

ensjinoru
enginyer

sraktiman
carnisser

loodgieter
llanterner

postbode
correu

kari - oficis

srudati
soldat

architekt
arquitecte

kasman
caixera

bromkisma
florista

seti sma wiri man
perruquer

kondukteur
revisor

monteur
mecànic

kapten
capità

tifidatra
dentista

sabiman
científic

Dyu domri
rabí

Moslim domri
imam

moniki
monjo

priester
capellà

kari - oficis

wrokosani
eines

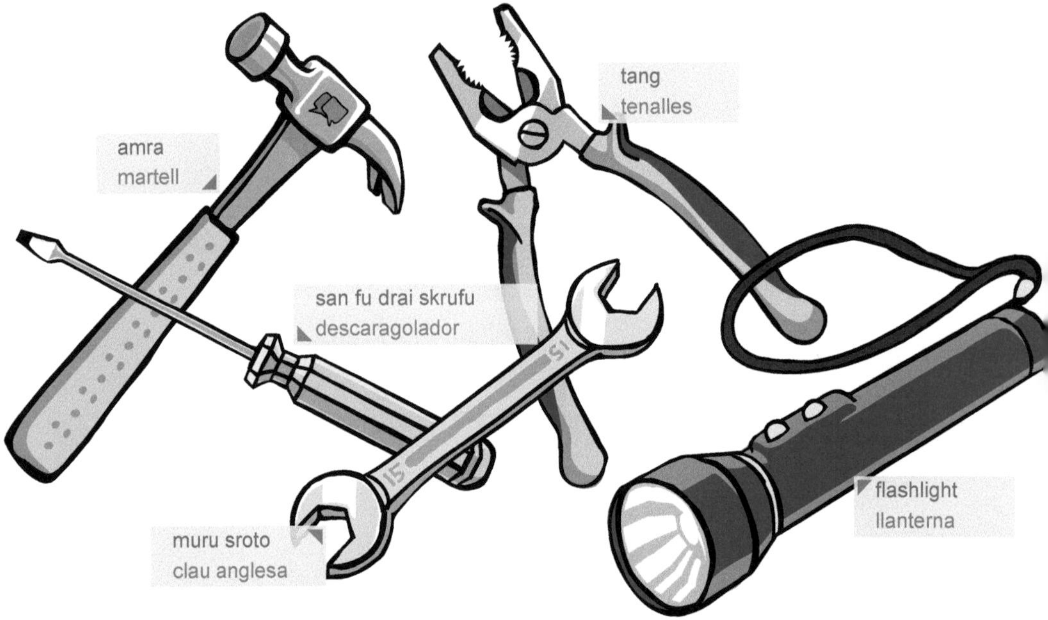

tang
tenalles

amra
martell

san fu drai skrufu
descaragolador

muru sroto
clau anglesa

flashlight
llanterna

dikimasyin
excavadora

wrokosani kisi
caixa d'eines

trapu
escala

sa
serra

spikri
claus

boro
trepant

meki
reparar

skepi
pala

Baya!
Maleït siga!

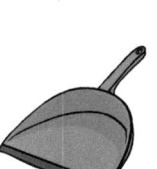
stofblik
pala

ferfi patu
pot de pintura

skrufu
caragols

poku sani
instrument de música

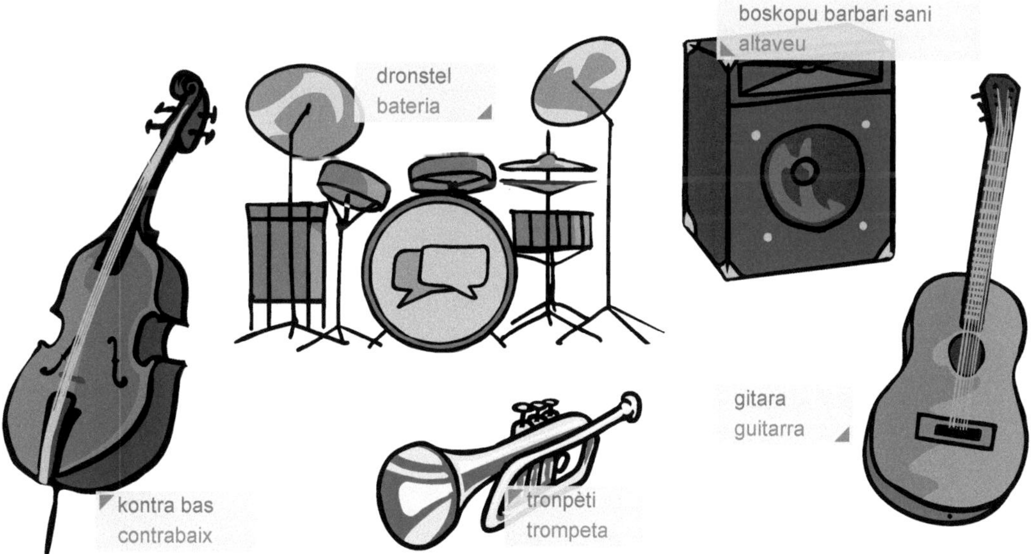

boskopu barbari sani
altaveu

dronstel
bateria

gitara
guitarra

kontra bas
contrabaix

tronpèti
trompeta

piano
piano

finyoro
violí

bas
baix

pauk
timbal

dron
tambor

keyboard
teclat

saxofon
saxofon

froiti
flauta

mikrofon
micròfon

poku sani - instrument de música

meti dyari
zoo

- tigri / tigre
- mofodoro / entrada
- pen / gàbia
- sabanaburiki / zebra
- meti nyan / aliment per a animals
- panda / ós panda

meti
animals

asaw
elefant

kangeru
cangurú

neushoorn
rinoceront

gorilla
goril·la

beer
ós

kameri
camell

stroisifowru
estruç

lew
lleó

monki
simi

korikori
flamenc

popokai
papagai

ijsbeer
ós polar

pinguïn
pingüí

sarki
ca mari

prodokaka
paó

sneki
serp

kaiman
cocodril

sma san e sorgu meti
guardià del zoo

sedagu
foca

penitigri
jaguar

pikin asi
poni

penitigri
lleopard

watrabofru
hipopòtam

giraf
girafa

aka
àliga

werder agu
senglar

fisi
peix

sekrepatu
tortuga

walrus
morsa

sabanadagu
guineu

dia
gasela

meti dyari - zoo

sport
esports

aktifiteit
activitats

skrifi	hari	sori
escriure	dibuixar	mostrar
pusu	gi	teki
pitjar	donar	prendre

abi
tenir

dati
fer

de
ésser

tnapu
estar dret

lon
córrer

hari
estirar

trowe
llançar

fadon
caure

lei
jeure

wakti
esperar

tyari
portar

sidon
asseure's

weri
vestir-se

sribi
dormir

wiki
despertar-se

aktifiteit - activitats

luku
mirar

krei
plorar

korikori
amoixar

kan
pentinar

taki
parlar

ferstan
comprendre

aksi
demanar

arki
escoltar

dringi
beure

nyanyan
menjar

krin
endreçar

lobi
estimar

bori
cuinar

rei
conduir

frei
volar

aktifiteit - activitats

seiri
navegar

teri
calcular

lesi
llegir

leri
aprendre

wroko
treballar

trow
casar-se

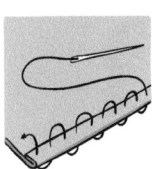
nai
cosir

krintifi
raspallar-se les dents

kiri
matar

smoko
fumar

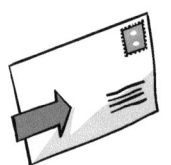
seni
enviar

aktifiteit - activitats

famiri
família

granmama
àvia

granpapa
avi

papa
pare

mama
mare

beibi
nadó

umapikin
filla

manpikin
fill

fisiti
convidat

tanta
tia

omu
oncle

brada
germà

sisa
germana

skin
cos

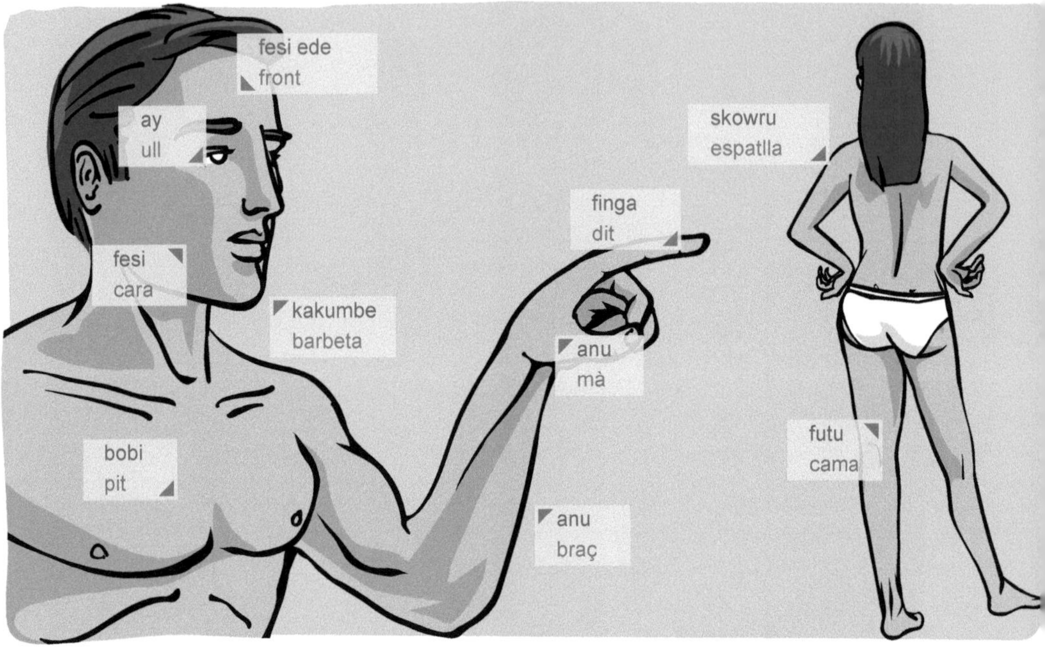

- fesi ede / front
- ay / ull
- skowru / espatlla
- finga / dit
- fesi / cara
- kakumbe / barbeta
- anu / mà
- bobi / pit
- futu / cama
- anu / braç

beibi
nadó

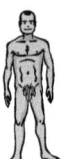
man
home

uma
dona

uma pikin
noia

boi
noi

ede
cap

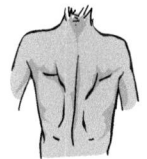

baka

esquena

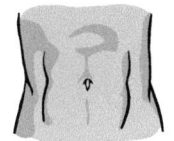

bere

panxa

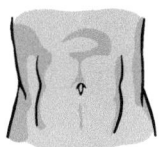

kumba

melic

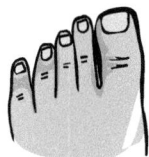

futufinga

dit gros del peu

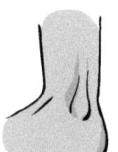

bakafutu

taló

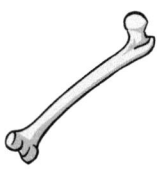

bonyo

os

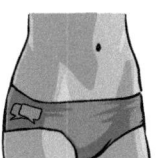

djonku

maluc

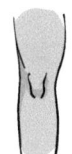

kindi

genoll

baka anu

colze

noso

nas

bakasei

cul

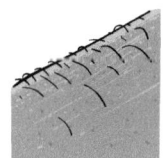

skin

pell

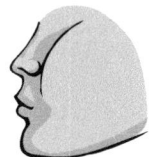

seifesi

galta

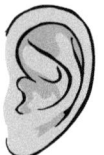

yesi

orella

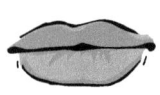

mofobuba

llavi

mofo
boca

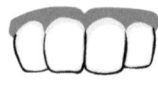

tifi
dent

tongo
llengua

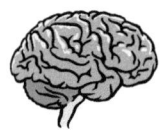

ede tonton
cervell

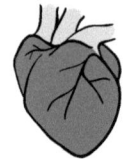

ati
cor

titei
múscul

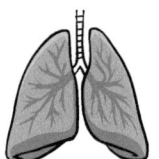

fokofoko
pulmó

lefre
fetge

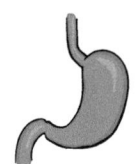

bere
estómac

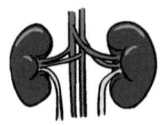

niri
ronyó

freiri
relació sexual

pipikowsu
preservatiu

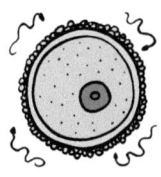

eksi
ovari

siri
semen

bere
prenyat

skin - cos

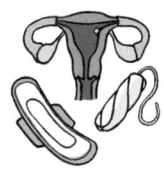

munsiki
menstruació

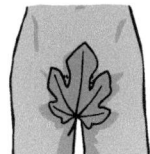

umapresi
vagina

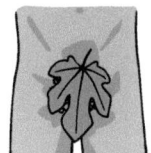

toli
penis

atapu-ay-wiwiri
cella

wiwiri
cabells

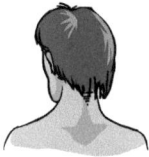

neki
coll

ati oso
hospital

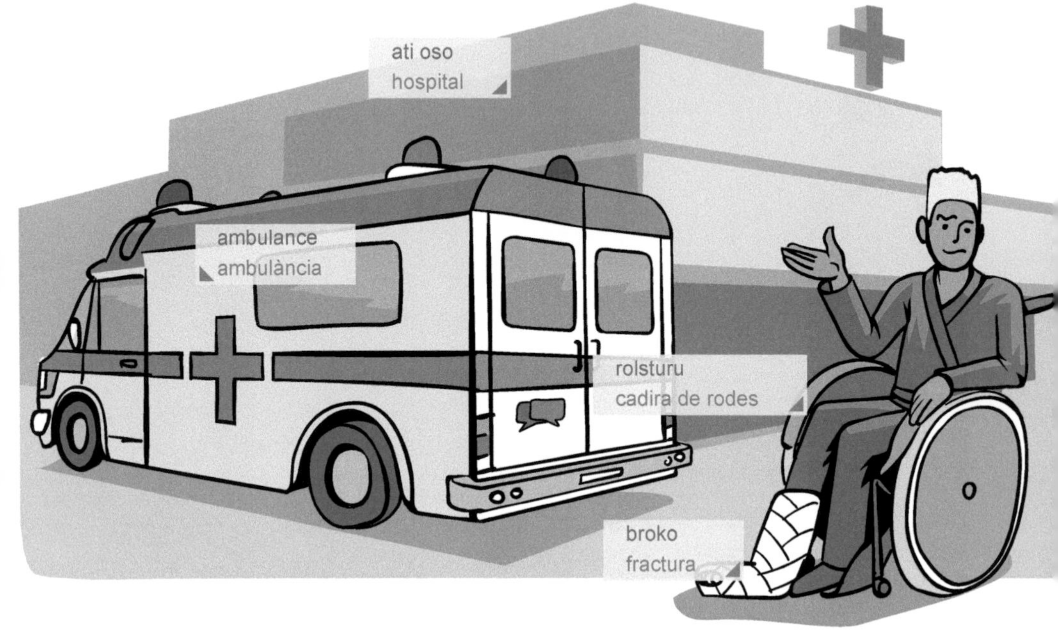

ati oso / hospital
ambulance / ambulància
rolsturu / cadira de rodes
broko / fractura

datra
doctora

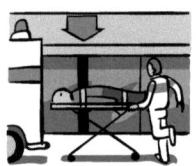

EHBO
sala d'urgències

suster
infermera

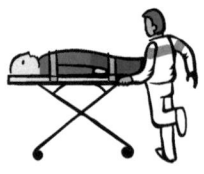

nowtu
urgència

flaw
inconscient

pen
dolor

soro
ferida

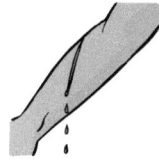

brudu
sagnament

ati siki
atac de cor

bururtu
apoplexia

trefu
al·lèrgia

koso
tos

kortsu
febre

griep
gripa

lusu bere
diarrea

ede-ati
mal de cap

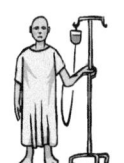

takrusiki
càncer

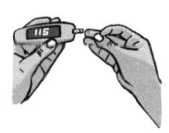

sukru
diabetis

chirurg
cirurgià

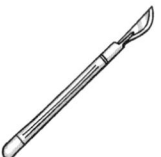

skalpel
escalpel

operâsi
operació

ati oso - hospital

CT

tomografia computada (TC), TAC

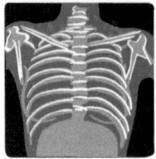

röntgen

raigs x

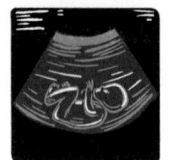

echo

ultrasò

fesi maskradu

mascareta

siki

malaltia

wakti kamra

sala d'espera

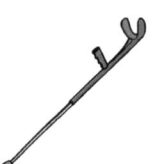

kroku

crossa

duku

tireta

duku

embenat

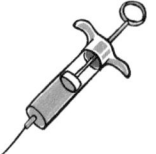

spoiti

injecció

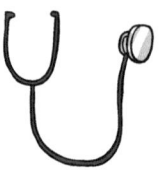

stethoskoop

estetoscopi

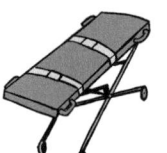

brandkard

llitera

temperatuur marki

termòmetre clínic

gebore

pariment

fatu

sobrepès

ati oso - hospital

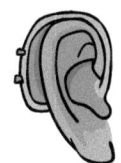
masyin fu yere
aparell auditiu

sani fu krin
desinfectant

dyomposiki
infecció

firus
virus

HIV / AIDS
VIH / SIDA

dresi
medicina

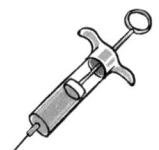
faksinasi
vaccí

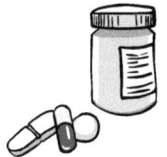
perki
comprimits

perki
píl·lola

nowtu nomru
trucada d'urgència

brudu marki
tensiòmetre

siki / gesontu
malalt / sà

ati oso - hospital

nowtu
urgència

Yepi!
Socors!

warskow
alarma

feti
assalt

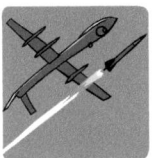

feti
atac

ogri
perill

a nowtu doro
sortida-eixida d'urgència

Faya!
Foc!

fayakiri sani
extintor

mankeri
accident

EHBO-kofru
farmaciola de primers auxilis

SOS
SOS

skowtu
policia

grontapu
terra

Bakrakondre

Europa

Opo-Amerkan

Amèrica del Nord

Suid-Amerkan

Amèrica del Sud

Afrika

Àfrica

Asi

Àsia

Australia

Austràlia

Atlantis Se

Atlàntic

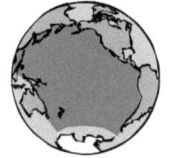

Tan tiri Se

Pacífic

Indisch Se

Oceà Índic

Suidsei Se

Oceà Antàrtic

Noordsei Se

Oceà Àrtic

Noordsei

pol nord

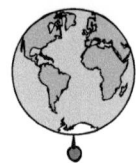  

Suidsei	Antartika	grontapu
pol sud	Antàrtida	terra

kondre	se	eilanti
país	mar	illa

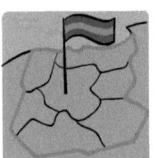 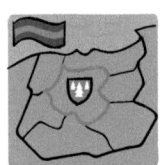

nâsi	lanti
nació	estat

oloisi
rellotge

oloisi fesi
quadrant

yuru sori
agulla de les hores

miniti sori
agulla dels minuts

sekonde sori
agulla dels segons

O lati a de?
Quina hora és?

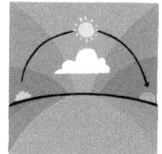

dey
dia

ten
temps

now
ara

oloisi
rellotge digital

miniti
minut

yuru
hora

wiki
setmana

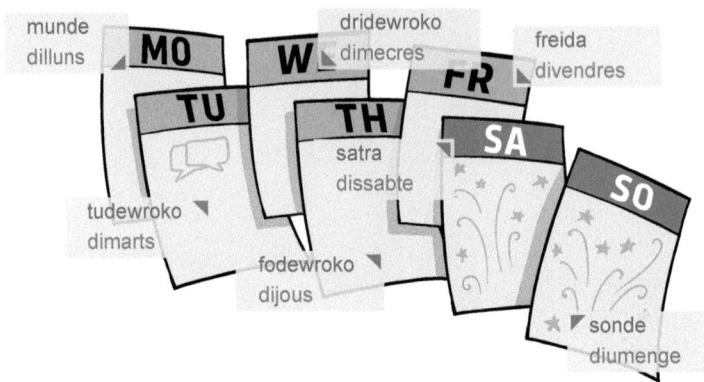

munde / dilluns
tudewroko / dimarts
dridewroko / dimecres
fodewroko / dijous
freida / divendres
satra / dissabte
sonde / diumenge

esde
ahir

tide
avui

tamara
demà

mamanten
matí

bakadina
migdia

neti
tarda

den wrokodei
dia feiner

weekend
cap de setmana

yari

any

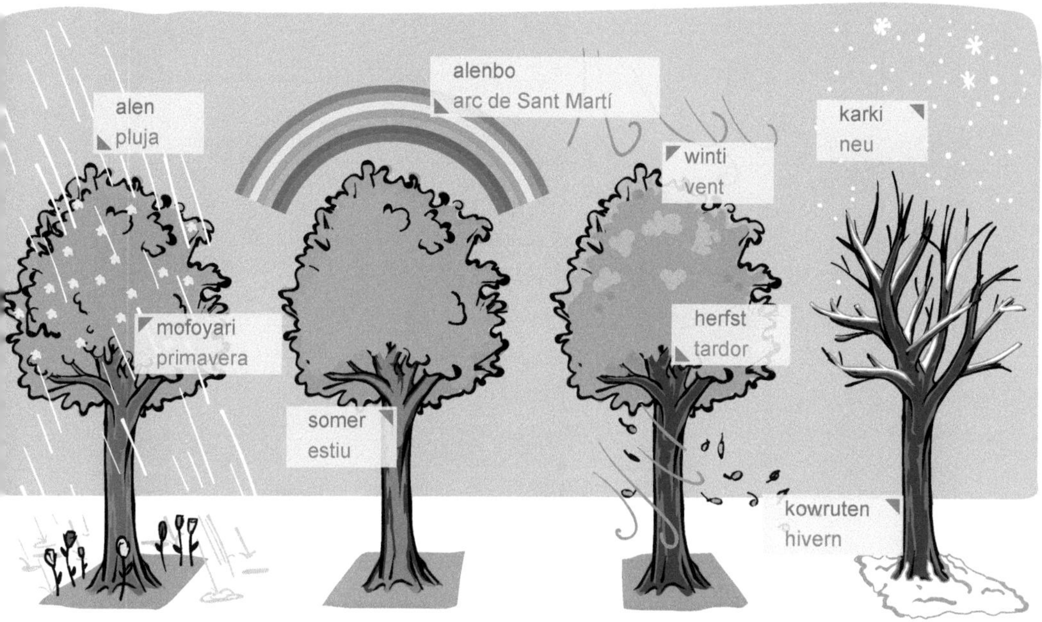

alen
pluja
alenbo
arc de Sant Martí
winti
vent
karki
neu
mofoyari
primavera
somer
estiu
herfst
tardor
kowruten
hivern

4.APRIL 11°
5.APRIL 4°
6.APRIL 13°
7.APRIL 8°
8.APRIL 10°

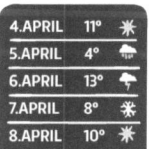

taki fu a weer

pronòstic del temps

F C
120 40
90 30
60 20
30 10
0 0
-30 -10
-20

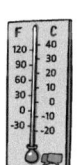

thermometer

termòmetre

skèin fu a son

llum del sol

wolku

núvol

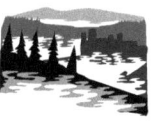

dow

boira

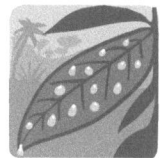

loktu foktu

humiditat de l'aire

faya
llamp

dondru
tro

sekiwatra
tempesta

agra
calamarsa

bigi skwala
monsó

frudu
inundació

èisi
gel

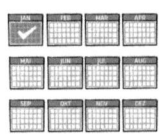
januari
gener

februari
febrer

maart
març

april
abril

mei
maig

juni
juny

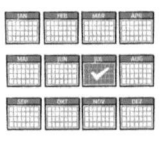
juli
juliol

augustus
agost

yari - any

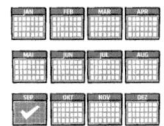
september
setembre

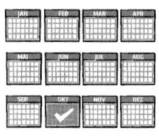
oktober
octubre

nofember
novembre

december
desembre

form
formes

lontu
cercle

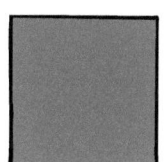
fokanti
quadrat

fokanti naga langa sei
rectangle

dri-uku
triangle

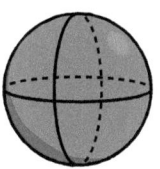
lontu
esfera

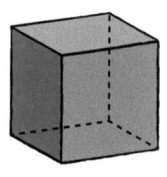
kubus
cub

kloru
colors

witi
blanc

geri
groc

alanya
taronja

ròs
rosa

redi
vermell

lila
lila

blaw
blau

grun
verd

broin
marró

grei
gris

blaka
negre

difrenti
oposats

tumsi / wanwan
molt / poc

atibron / tiri
emprenyat / tranquil

moi / takru
bonic / lleig

begin / kba
començament / fi

bigi / ptyin
gran / petit

lekti / dungru
clar / fosc

brada / sisa
germà / germana

krin / doti
net / brut

krinkrin / no bun nofo
complet / incomplet

dei / neti
dia / nit

dede / libi
mort / viu

bradi / smara
ample / estret

kan nyan / no kan nyan
comestible / immenjable

takru / bun
dolent / amable

prisiri / ferferi
entusiasmat / entediat

fatu / fini
gros / prim

fosi / lasti
primer / darrer

mati / feyanti
amic / enemic

furu / leigi
ple / buit

tranga / safu
dur / tou

hebi / lekti
pesant / lleuger

angri / dreineki
gana / set

siki / gesontu
malalt / sà

no gi pasi / tru
il·legal / legal

koni / don
intel·ligent / ximple

kruktu / leti
esquerra / dreta

gi / fara
prop / llunyà

difrenti - oposats

nyun / owru
nou / usat

noti / wan sani
res / quelcom

owru / jongu
vell / jove

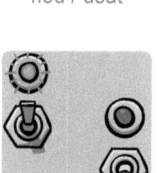

leti / tapu
encès / apagat

opo / tapu
obert / tancat

safu / tranga
silenciós / sorollós

gudu / poti
ric / pobre

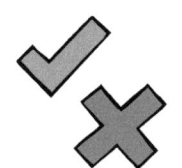

bun / fowtu
correcte / incorrecte

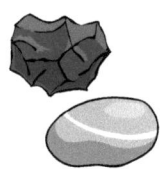

grofu / grati
aspre / suau

sari / breiti
trist / content

shatu / langa
curt / llarg

loli / esi-esi
lent / ràpid

nati / drei
humit / sec - eixut

warang / kowru
calent / fred

feti / freide
guerra / pau

difrenti - oposats

nomru
nombres

0
noti
zero

1
wan
u

2
tu
dos

3
dri
tres

4
fo
quatre

5
feifi
cinc

6
siksi
sis

7
seibi
set

8
aiti
vuit

9
neigi
nou

10
tin
deu

11
erfu
onze

12
twarfu
dotze

13
tin-na-dri
tretze

14
tin-na-fo
catorze

15
tin-na-feifi
quinze

16
tin-na-siksi
setze

17
tin-na-seibi
disset

18
tin-na-aiti
divuit

19
tin-na-neigi
dinou

20
twenti
vint

100
hondru
cent

1.000
dusun
mil

1.000.000
milyun
milió

den tongo
llengües

Ingristongo
anglès

Amerkan Ingristongo
anglès americà

Sneisi Mandarijntongo
xinès mandarí

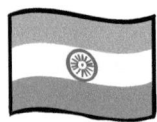

Hinditongo
hindi

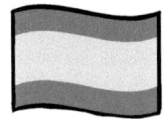

Spanyoro
espanyol

Frans
francès

Arabiatongo
àrab

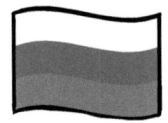

Rusitongo
rus

Potogisi
portuguès

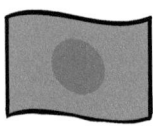

Bengalitongo
bengalí

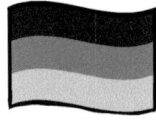

Doisritongo
alemany

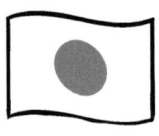

Japantongo
japonès

suma / sang / fa
qui / què / com

mi
jo

yu
tu

en / en / en
ell / ella / allò

unu
nosaltres

yu
vosaltres

den
ells

suma?
qui?

san'?
què?

fa?
com?

pe?
on?

oten?
quan?

nen
nom

pe
on

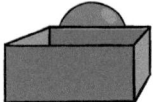

baka

darrere

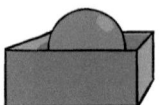

ini

en

fesi

davant de

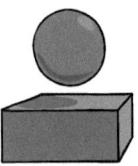

abra

damunt

tapu

sobre

ondro

sota

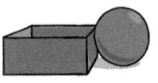

na sei

al costat

mindri

entre

presi

lloc